A TRANSMISSÃO DA FÉ

Dados Internacionais de Catalogação na Publicação (CIP)
(Câmara Brasileira do Livro, SP, Brasil)

Félix, Sebastião de Matos
A transmissão da fé : livro de desenho e reflexão para catequizandos e filhos / Sebastião de Matos Félix ; ilustração Victor Huerta, Rebeca Ros ; tradução Gentil Avelino Titton. – Petrópolis : Vozes, 2020.

Título original: ¡Háblales en casa! Transmisión de la fe – Libro de dibujos

1ª reimpressão, 2021.

ISBN 978-85-326-6451-8

1. Catequese 2. Catequese – Igreja Católica – Cristianismo 3. Catequistas – Educação 4. Desenhos I. Huerta, Victor. II. Ros, Rebeca. III. Título.

20-33299

Maria Alice Ferreira – Bibliotecária – CRB-8/7964

1. Catequese : Recursos didáticos : Educação religiosa 268.6

A TRANSMISSÃO DA FÉ

LIVRO DE DESENHO E REFLEXÃO PARA CATEQUIZANDOS E FILHOS

Sebastião de Matos Félix

Ilustrações de Victor Huerta e Rebeca Ros

Tradução de Gentil Avelino Titton

EDITORA VOZES

Petrópolis

Título do original em espanhol: *¡Háblales en casa! Transmisión de la fe – Libro de dibujos*. Publicado originalmente por Ed. Paulinas S.A. de C.V., em 2018

Rua Frei Luís, 100
25689-900 Petrópolis, RJ
www.vozes.com.br
Brasil

Diagramação: Victor Mauricio Bello
Revisão gráfica: Alessandra Karl
Capa: Ygor Moretti
Ilustração de capa: Ícone A Sagrada Família, Kiko Argüello

ISBN 978-85-326-6451-8 (Brasil)
ISBN 978-079-7648-71-5 (México)

Editado conforme o novo acordo ortográfico.

Este livro foi composto e impresso pela Editora Vozes Ltda.

Sumário

Apresentação

Queridas famílias e crianças!

Este livro é um apoio às catequeses. É um instrumento para ajudar a refletir e guardar na mente e no coração a experiência de fé vivida em família.

Para melhor aproveitar este livro de desenhos apresentamos algumas sugestões. São elas:

- Desenhar sobre o próprio desenho. Por isso, há espaços livres onde poderão acrescentar, complementar o desenho com o que surgir de sua imaginação (sol, nuvens, árvores, pássaros, pessoas e outros).
- Colorir o desenho.
- Escrever, no espaço indicado, sobre o que sentiu em seu coração a respeito do desenho e da catequese recebida.
- Se desejar e for possível, ajudada pelos pais, a criança poderá colar próximo a cada desenho pequenas fotos de familiares e/ou pessoais, de maneira que este livro possa se transformar num álbum que poderá ajudar nos combates e conflitos da juventude, lembrando-lhe que o Reino dos Céus é daqueles que são como crianças.
- Cada desenho poderá ser destacado e utilizado separadamente, se os pais acharem conveniente.

E, por fim, pode se perguntar: Um livro de desenhos pode catequizar?

A resposta a esta pergunta é: Sim! Para isso, querido leitor, escreva-o com palavras, desenhos, cores e vida!

Dedicatória

Este livro é seu. Você será coautor ao participar das catequeses e realizar seus registros em cada página. Escreva abaixo uma homenagem a quem é especial e fonte de inspiração em sua caminhada de fé.

Uma Lembrança

Cole neste espaço, se possível, uma foto sua, da família ou de alguma lembrança que você gostaria de guardar.

Prólogo

"A beleza salvará o mundo"[1]

Quando perguntaram a Dostoiévski[2] qual a beleza que poderia salvar o mundo, ele respondeu: "Cristo". Esta beleza nós a descobrimos em seu amor, que se manifesta especialmente na comunidade cristã, que é o lugar privilegiado que forma e protege, à imagem da Sagrada Família de Nazaré, na qual Jesus "obediente a José e a Maria, cresceu em sabedoria, em estatura e em graça diante de Deus e diante dos homens"[3]. Assim, a família cristã é um lugar privilegiado, no qual os laços de caridade e de ajuda tornam visível uma verdadeira igreja doméstica.

Este livro de desenhos, unido ao livro-texto *A transmissão da fé* quer ajudar as crianças para que, através de imagens e cores, possam gravar em seu coração as catequeses recebidas de seus pais e mestres, ajudando-as a reconhecer a beleza da vida em Cristo. Esta beleza tem força para transformar o mundo, porque pode transformar o coração do ser humano pela graça do Espírito Santo, que dá testemunho em nosso coração de que somos filhos de Deus, porque "Ele amou tanto o mundo que lhe enviou seu Filho Unigênito, para que todo aquele que nele crer tenha vida eterna"[4].

Com esta intenção convidamos as crianças a complementar os desenhos livremente. Para isso existem espaços vazios, para que, além daquilo que quiserem escrever possam colar imagens, fotos e desenvolverem outras possibilidades para responder à pergunta que acompanha cada desenho, usando da criatividade, sempre acompanhados de seus pais(mestres). O importante é que, colorindo, colando ou desenhando, acolham a mensagem do amor que nunca passará.

Num momento diferente do momento da celebração dominical das Laudes em família, pode-se, por meio dos desenhos para colorir, abrir espaços de diálogo com as crianças, convidando-as a seguir o mais belo dos homens, Cristo Jesus, que deu sua vida por nós.

Sebastião de Matos Félix

Presbítero

---

1 Dostoiévski. *O Idiota* (1868). Parte III, cap. V. É a beleza que suscita o amor e nos faz ver no outro um próximo a ser amado, descobrindo que "o outro é Cristo".

2 Fiódor Mikhailovitch Dostoiévski é um dos principais escritores russos. Nasceu no dia 11 de novembro de 1821, em Moscou. Destacam-se entre suas obras: *Os Irmãos Karamazov* e *O idiota*. Nos livros citados, encontramos um profundo sentido moral e religioso.

3 Cf. Lc 2,51.

4 Cf. Jo 3,16.

Capítulo I

Midrashim, fatos e contos judaicos

Shemá Israel

"Escuta, Israel, o Senhor nosso Deus é o único Senhor. Amarás o Senhor teu Deus com todo o teu coração, com toda a tua mente, com todas as tuas forças. Grava estas minhas palavras, marca com elas as tuas mãos, coloca-as na frente de teus olhos e no umbral de tua casa, na porta. Shemá Israel... Instrui teus filhos, Israel, **fala com eles em casa**, prega-o nas ruas, de noite, ao deitar e ao despertar. Este é o primeiro mandamento da vida; e o segundo é semelhante ao primeiro: Amarás o teu próximo como a ti mesmo. Faze isto e terás a vida eterna" (Dt 6,4-9).

A transmissão da fé

Este desenho corresponde à página 23 do Livro-texto.

Em que te ajudou este desenho que acabaste de colorir? Responda escrevendo, desenhando, colando imagens, fotos... Use a tua criatividade!

O amor fraterno

Este desenho corresponde à página 23 do Livro-texto.

Em que te ajudou este desenho que acabaste de colorir? Responda escrevendo, desenhando, colando imagens, fotos... Use a tua criatividade!

A amizade

Este desenho corresponde à página 23 do Livro-texto.

Em que te ajudou este desenho que acabaste de colorir? Responda escrevendo, desenhando, colando imagens, fotos... Use a tua criatividade!

Antes da criação do universo

Este desenho corresponde à página 24 do Livro-texto.

Em que te ajudou este desenho que acabaste de colorir? Responda escrevendo, desenhando, colando imagens, fotos... Use a tua criatividade!

O criador

Este desenho corresponde à página 25 do Livro-texto.

Em que te ajudou este desenho que acabaste de colorir? Responda escrevendo, desenhando, colando imagens, fotos... Use a tua criatividade!

O descanso

Este desenho corresponde à página 25 do Livro-texto.

Em que te ajudou este desenho que acabaste de colorir? Responda escrevendo, desenhando, colando imagens, fotos... Use a tua criatividade!

O pecado original

Este desenho corresponde à página 26 do Livro-texto.

Em que te ajudou este desenho que acabaste de colorir? Responda escrevendo, desenhando, colando imagens, fotos... Use a tua criatividade!

O paraíso perdido

Este desenho corresponde à página 27 do Livro-texto.

Em que te ajudou este desenho que acabaste de colorir? Responda escrevendo, desenhando, colando imagens, fotos... Use a tua criatividade!

A pomba no dilúvio

Este desenho corresponde à página 28 do Livro-texto.

Em que te ajudou este desenho que acabaste de colorir? Responda escrevendo, desenhando, colando imagens, fotos... Use a tua criatividade!

A torre de Babel

Este desenho corresponde à página 28 do Livro-texto.

Em que te ajudou este desenho que acabaste de colorir? Responda escrevendo, desenhando, colando imagens, fotos... Use a tua criatividade!

A pomba resgatada

Este desenho corresponde à página 29 do Livro-texto.

Em que te ajudou este desenho que acabaste de colorir? Responda escrevendo, desenhando, colando imagens, fotos... Use a tua criatividade!

Abraão e Isaac

Este desenho corresponde à página 30 do Livro-texto.

Em que te ajudou este desenho que acabaste de colorir? Responda escrevendo, desenhando, colando imagens, fotos... Use a tua criatividade!

O Senhor providencia

Este desenho corresponde à página 31 do Livro-texto.

Em que te ajudou este desenho que acabaste de colorir? Responda escrevendo, desenhando, colando imagens, fotos... Use a tua criatividade!

Abraão na fornalha de fogo

Este desenho corresponde à página 31 do Livro-texto.

Em que te ajudou este desenho que acabaste de colorir? Responda escrevendo, desenhando, colando imagens, fotos... Use a tua criatividade!

Bezerro, cordeiro ou cabrito?

Este desenho corresponde à página 34 do Livro-texto.

Em que te ajudou este desenho que acabaste de colorir? Responda escrevendo, desenhando, colando imagens, fotos... Use a tua criatividade!

Esaú e Jacó

Este desenho corresponde à página 35 do Livro-texto.

Em que te ajudou este desenho que acabaste de colorir? Responda escrevendo, desenhando, colando imagens, fotos... Use a tua criatividade!

Jacó serve a Labão por causa de Raquel

Este desenho corresponde à página 36 do Livro-texto.

Em que te ajudou este desenho que acabaste de colorir? Responda escrevendo, desenhando, colando imagens, fotos... Use a tua criatividade!

A bênção que Jacó espera

Este desenho corresponde à página 37 do Livro-texto.

Em que te ajudou este desenho que acabaste de colorir? Responda escrevendo, desenhando, colando imagens, fotos... Use a tua criatividade!

José é vendido

Este desenho corresponde à página 38 do Livro-texto.

Em que te ajudou este desenho que acabaste de colorir? Responda escrevendo, desenhando, colando imagens, fotos... Use a tua criatividade!

A recompensa de José

Este desenho corresponde à página 39 do Livro-texto.

Em que te ajudou este desenho que acabaste de colorir? Responda escrevendo, desenhando, colando imagens, fotos... Use a tua criatividade!

Salvo das águas

Este desenho corresponde à página 39 do Livro-texto.

Em que te ajudou este desenho que acabaste de colorir? Responda escrevendo, desenhando, colando imagens, fotos... Use a tua criatividade!

O nome de Deus

Este desenho corresponde à página 41 do Livro-texto.

Em que te ajudou este desenho que acabaste de colorir? Responda escrevendo, desenhando, colando imagens, fotos... Use a tua criatividade!

O sol do Messias

Este desenho corresponde à página 42 do Livro-texto.

Em que te ajudou este desenho que acabaste de colorir? Responda escrevendo, desenhando, colando imagens, fotos... Use a tua criatividade!

Os alimentos

Este desenho corresponde à página 42 do Livro-texto.

Em que te ajudou este desenho que acabaste de colorir? Responda escrevendo, desenhando, colando imagens, fotos... Use a tua criatividade!

A Páscoa

(*Quatro cantos*)

Este desenho corresponde à página 43 do Livro-texto.

Em que te ajudou este desenho que acabaste de colorir? Responda escrevendo, desenhando, colando imagens, fotos... Use a tua criatividade!

Deus cura os enfermos

Este desenho corresponde à página 48 do Livro-texto.

Em que te ajudou este desenho que acabaste de colorir? Responda escrevendo, desenhando, colando imagens, fotos... Use a tua criatividade!

A entrega da Palavra

Este desenho corresponde à página 48 do Livro-texto.

Em que te ajudou este desenho que acabaste de colorir? Responda escrevendo, desenhando, colando imagens, fotos... Use a tua criatividade!

O bezerro de ouro

Este desenho corresponde à página 50 do Livro-texto.

Em que te ajudou este desenho que acabaste de colorir? Responda escrevendo, desenhando, colando imagens, fotos... Use a tua criatividade!

Josué recebe Moisés ao sopé do monte

Este desenho corresponde à página 51 do Livro-texto.

Em que te ajudou este desenho que acabaste de colorir? Responda escrevendo, desenhando, colando imagens, fotos... Use a tua criatividade!

Os caminhos de Deus

Este desenho corresponde à página 52 do Livro-texto.

Em que te ajudou este desenho que acabaste de colorir? Responda escrevendo, desenhando, colando imagens, fotos... Use a tua criatividade!

Moisés recebe as segundas tábuas

Este desenho corresponde à página 52 do Livro-texto.

Em que te ajudou este desenho que acabaste de colorir? Responda escrevendo, desenhando, colando imagens, fotos... Use a tua criatividade!

O dia do perdão

Este desenho corresponde à página 53 do Livro-texto.

Em que te ajudou este desenho que acabaste de colorir? Responda escrevendo, desenhando, colando imagens, fotos... Use a tua criatividade!

Aprender dos servos

Este desenho corresponde à página 55 do Livro-texto.

Em que te ajudou este desenho que acabaste de colorir? Responda escrevendo, desenhando, colando imagens, fotos... Use a tua criatividade!

Bênção da árvore

Este desenho corresponde à página 55 do Livro-texto.

Em que te ajudou este desenho que acabaste de colorir? Responda escrevendo, desenhando, colando imagens, fotos... Use a tua criatividade!

O perigo das falsas conclusões

Este desenho corresponde à página 56 do Livro-texto.

Em que te ajudou este desenho que acabaste de colorir? Responda escrevendo, desenhando, colando imagens, fotos... Use a tua criatividade!

Consolo

Este desenho corresponde à página 56 do Livro-texto.

Em que te ajudou este desenho que acabaste de colorir? Responda escrevendo, desenhando, colando imagens, fotos... Use a tua criatividade!

Acostumado ao melhor

Este desenho corresponde à página 57 do Livro-texto.

Em que te ajudou este desenho que acabaste de colorir? Responda escrevendo, desenhando, colando imagens, fotos... Use a tua criatividade!

Na última fila

Este desenho corresponde à página 58 do Livro-texto.

Em que te ajudou este desenho que acabaste de colorir? Responda escrevendo, desenhando, colando imagens, fotos... Use a tua criatividade!

A oração

Este desenho corresponde à página 58 do Livro-texto.

Em que te ajudou este desenho que acabaste de colorir? Responda escrevendo, desenhando, colando imagens, fotos... Use a tua criatividade!

Paciência

Este desenho corresponde à página 59 do Livro-texto.

Em que te ajudou este desenho que acabaste de colorir? Responda escrevendo, desenhando, colando imagens, fotos... Use a tua criatividade!

O valor de uma pessoa

Este desenho corresponde à página 59 do Livro-texto.

Em que te ajudou este desenho que acabaste de colorir? Responda escrevendo, desenhando, colando imagens, fotos... Use a tua criatividade!

Moisés, pastor fiel

Este desenho corresponde à página 60 do Livro-texto.

Em que te ajudou este desenho que acabaste de colorir? Responda escrevendo, desenhando, colando imagens, fotos... Use a tua criatividade!

O bem

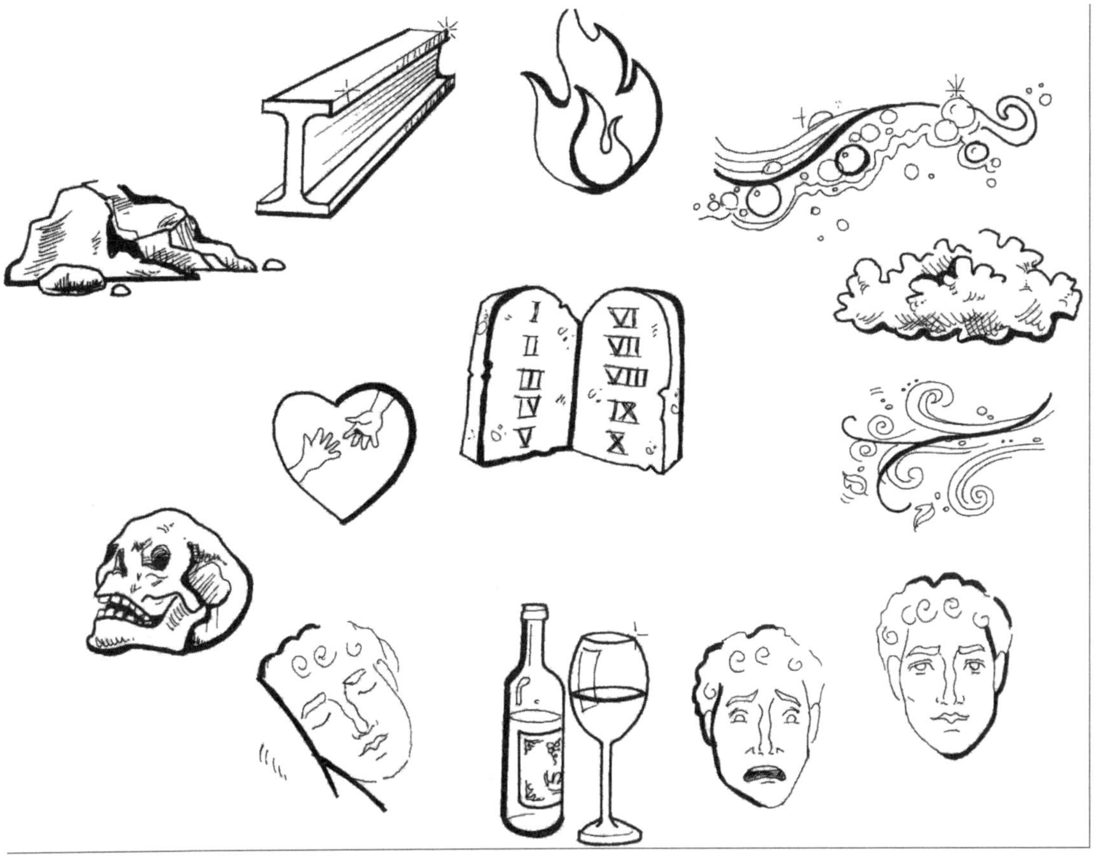

Este desenho corresponde à página 63 do Livro-texto.

Em que te ajudou este desenho que acabaste de colorir? Responda escrevendo, desenhando, colando imagens, fotos... Use a tua criatividade!

Coração incircunciso

Este desenho corresponde à página 63 do Livro-texto.

Em que te ajudou este desenho que acabaste de colorir? Responda escrevendo, desenhando, colando imagens, fotos... Use a tua criatividade!

Jó

Este desenho corresponde à página 64 do Livro-texto.

Em que te ajudou este desenho que acabaste de colorir? Responda escrevendo, desenhando, colando imagens, fotos... Use a tua criatividade!

As mãos levantadas

Este desenho corresponde à página 64 do Livro-texto.

Em que te ajudou este desenho que acabaste de colorir? Responda escrevendo, desenhando, colando imagens, fotos... Use a tua criatividade!

A fidelidade à Palavra

Este desenho corresponde à página 65 do Livro-texto.

Em que te ajudou este desenho que acabaste de colorir? Responda escrevendo, desenhando, colando imagens, fotos... Use a tua criatividade!

Quando preciso converter-me?

Este desenho corresponde à página 65 do Livro-texto.

Em que te ajudou este desenho que acabaste de colorir? Responda escrevendo, desenhando, colando imagens, fotos... Use a tua criatividade!

Por que Moisés não entrou na terra prometida?

Este desenho corresponde à página 66 do Livro-texto.

Em que te ajudou este desenho que acabaste de colorir? Responda escrevendo, desenhando, colando imagens, fotos... Use a tua criatividade!

A tocha

Este desenho corresponde à página 66 do Livro-texto.

Em que te ajudou este desenho que acabaste de colorir? Responda escrevendo, desenhando, colando imagens, fotos... Use a tua criatividade!

A presença de Deus no exílio

Este desenho corresponde à página 67 do Livro-texto.

Em que te ajudou este desenho que acabaste de colorir? Responda escrevendo, desenhando, colando imagens, fotos... Use a tua criatividade!

Um bom negócio

Este desenho corresponde à página 68 do Livro-texto.

Em que te ajudou este desenho que acabaste de colorir? Responda escrevendo, desenhando, colando imagens, fotos... Use a tua criatividade!

Deus sempre defende os oprimidos

Este desenho corresponde à página 68 do Livro-texto.

Em que te ajudou este desenho que acabaste de colorir? Responda escrevendo, desenhando, colando imagens, fotos... Use a tua criatividade!

A ocupação de Deus

Este desenho corresponde à página 69 do Livro-texto.

Em que te ajudou este desenho que acabaste de colorir? Responda escrevendo, desenhando, colando imagens, fotos... Use a tua criatividade!

O Messias

Este desenho corresponde à página 70 do Livro-texto.

Em que te ajudou este desenho que acabaste de colorir? Responda escrevendo, desenhando, colando imagens, fotos... Use a tua criatividade!

O que será desta criança?

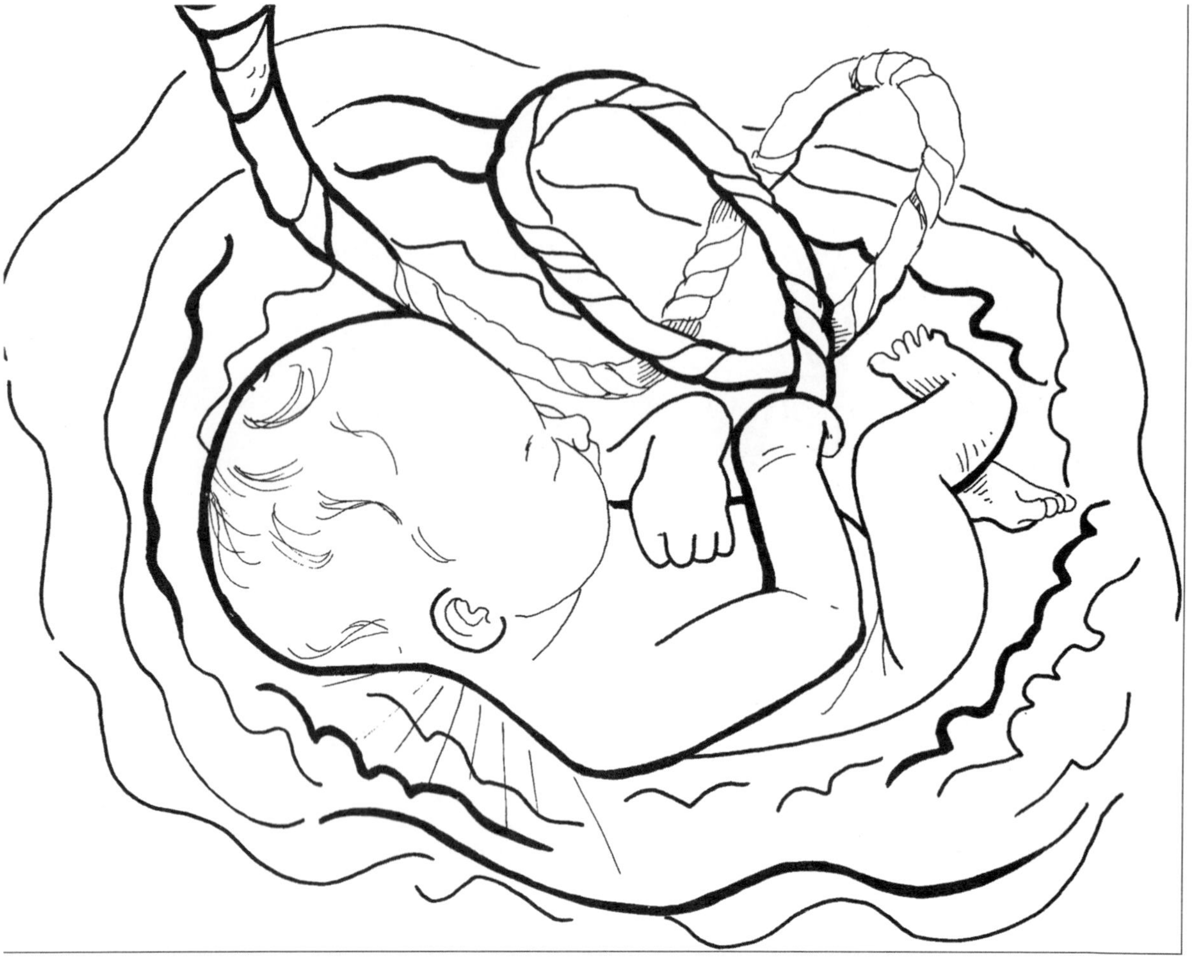

Este desenho corresponde à página 71 do Livro-texto.

Em que te ajudou este desenho que acabaste de colorir? Responda escrevendo, desenhando, colando imagens, fotos... Use a tua criatividade!

Por onde começar?

Este desenho corresponde à página 71 do Livro-texto.

Em que te ajudou este desenho que acabaste de colorir? Responda escrevendo, desenhando, colando imagens, fotos... Use a tua criatividade!

Aos pés de Tobit

Este desenho corresponde à página 72 do Livro-texto.

Em que te ajudou este desenho que acabaste de colorir? Responda escrevendo, desenhando, colando imagens, fotos... Use a tua criatividade!

Capítulo II

Contos, ditos e fatos da vida dos santos

Neste capítulo apresentamos apenas três desenhos, já que o interesse recai mais na imaginação do que em ouvir os contos e fatos da vida dos santos, que se desenrolará como um filme em sua mente. Ouvir as narrativas, bem preparadas por seus catequistas e por seus pais, ajudará a gravar a mensagem transmitida.

O Credo apostólico

Em latim (língua oficial da Igreja)

Credo in Deum, Patrem omnipotentem, Creatorem cæli et terræ. Et in Iesum Christum, Filium eius unicum, Dominum nostrum, qui conceptus est de Spiritu Sancto, natus ex Maria Virgine, passus sub Pontio Pilato, crucifixus, mortuus, et sepultus, descendit ad inferos, tertia die resurrexit a mortuis, ascendit ad cælos, sedet ad dexteram Dei Patris omnipotentis, inde venturus est iudicare vivos et mortuos.
Credo in Spiritum Sanctum, sanctam Ecclesiam catholicam, sanctorum communionem, remissionem peccatorum, carnis resurrectionem, vitam æternam.
Amen.

Creio em Deus Pai todo-poderoso, criador do céu e da terra. E em Jesus Cristo, seu único Filho, Nosso Senhor, que foi concebido pelo poder do Espírito Santo; nasceu da Virgem Maria; padeceu sob Pôncio Pilatos, foi crucificado, morto e sepultado. Desceu à mansão dos mortos; ressuscitou ao terceiro dia; subiu aos céus; está sentado à direita de Deus Pai Todo-Poderoso, donde há de vir a julgar os vivos e os mortos. Creio no Espírito Santo; na Santa Igreja Católica; na comunhão dos santos; na remissão dos pecados; na ressurreição da carne; na vida eterna. Amém.

O céu

Este desenho corresponde à página 76 do Livro-texto.

Em que te ajudou este desenho que acabaste de colorir? Responda escrevendo, desenhando, colando imagens, fotos... Use a tua criatividade!

Entra na fila

Este desenho corresponde à página 83 do Livro-texto.

Em que te ajudou este desenho que acabaste de colorir? Responda escrevendo, desenhando, colando imagens, fotos... Use a tua criatividade!

Anjos da guarda

Este desenho corresponde à página 160 do Livro-texto.

Em que te ajudou este desenho que acabaste de colorir? Responda escrevendo, desenhando, colando imagens, fotos... Use a tua criatividade!

Capítulo III

Contos e ditos dos Padres do Deserto

Neste capítulo apresentamos apenas um desenho, já que o interesse recai mais na imaginação do que em ouvir os contos dos Padres do Deserto, que se desenrolará como um filme em sua mente. Ouvir as narrativas, bem preparadas por seus catequistas e por seus pais, ajudará a gravar a mensagem transmitida.

Pai-nosso

Em aramaico
(o idioma de Israel no tempo de Jesus)

ABUNA DI BISHEMAYA
ITQADDASH SHEMAK
TETE MALKUTAK
TIT'ABED RE'UTAK
KEDI BI SHEMAYA KAN BA AR'A
LAJMANA HAB LANA SEKOM YOM BEYOMA
U SHEBOK LANA JOBEINA
KEDI AF ANAJNA SHEBAKNA LEJEIBINA
WEAL TA'ALNA LENISION
ELA PESHINA MIN BISHA.

"Pai nosso que estás nos céus, santificado seja o teu Nome, venha o teu Reino, seja feita a tua Vontade na terra como no céu. O pão nosso de cada dia dá-nos hoje e perdoa-nos as nossas ofensas assim como nós perdoamos aos que nos ofendem. E não nos deixes cair na tentação, mas livra-nos do mal Amém". (Mt 6,7-13)

O deserto iluminado pela fé

Este desenho corresponde à página 163 do Livro-texto.

Em que te ajudou este desenho que acabaste de colorir? Responda escrevendo, desenhando, colando imagens, fotos... Use a tua criatividade!

Capítulo IV

Contos e fatos

As Bem-aventuranças

Em grego (idioma das cartas de São Paulo)

μακαριοι οι πτωχοι τω πνευματι οτι αυτων εστίν η βασιλεια των ουρανων.
μακαριοι οι πενθουντες οτι αυτοι παρακληθησονται.
μακαριοι οι πραεις οτι κληρονομησουσιν την γην.
μακαριοι οι πεινωντες και διψωντες την δικαιοσυνην οτι αυτοι χορτασθησονται.
μακαριοι οι ελεημονες οτι αυτοι ελεηθησονται.
μακαριοι οι καθαροι τη καρδια οτι αυτοι τον θεον οψονται.
μακαριοι οι ειρηνοποιοι οτι αυτοι υιοι θεου κληθησονται.
μακαριοι οι δεδιωγμενοι ενεκεν δικαιοσυνης οτι αυτων εστιν η βασιλεια των ουρανων.
μακαριοι οι εστε οταν ονειδισωσιν υμας και διωξωσιν και ειπωσιν παν πονηρον ρημα καθ υμων ψευδομενοι ενεκεν εμου.
χαιρετε και αγαλλιασθε οτι ο μισθος υμων πολυς εν τοις ουρανοις ουτως γαρ εδιωξαν τους προφητας τους προ υμων.
(Mt 5,3-12)

Bem-aventurados os pobres de espírito, porque deles é o Reino dos Céus.
Bem-aventurados os mansos, porque possuirão em herança a terra.
Bem-aventurados os que choram, porque serão consolados.
Bem-aventurados os que têm fome e sede de justiça, porque serão saciados.
Bem-aventurados os misericordiosos, porque alcançarão misericórdia.
Bem-aventurados os puros de coração, porque verão a Deus.
Bem-aventurados os que trabalham pela paz, porque serão chamados filhos de Deus.
Bem-aventurados os perseguidos por causa da justiça, porque deles é o Reino dos Céus.
Bem-aventurados sereis quando vos injuriarem e vos perseguirem e disserem com mentira todo tipo de mal contra vós por minha causa.
Alegrai-vos e regozijai-vos, porque vossa recompensa será grande nos céus, pois da mesma maneira perseguiram os profetas anteriores a vós.
(Mt 5,3-12)

O leito

(*Aos pais*)

Este desenho corresponde à página 184 do Livro-texto.

Em que te ajudou este desenho que acabaste de colorir? Responda escrevendo, desenhando, colando imagens, fotos... Use a tua criatividade!

Natal

Este desenho corresponde à página 186 do Livro-texto.

Em que te ajudou este desenho que acabaste de colorir? Responda escrevendo, desenhando, colando imagens, fotos... Use a tua criatividade!

A misericórdia

Este desenho corresponde à página 188 do Livro-texto.

Em que te ajudou este desenho que acabaste de colorir? Responda escrevendo, desenhando, colando imagens, fotos... Use a tua criatividade!

A humildade

Este desenho corresponde à página 191 do Livro-texto.

Em que te ajudou este desenho que acabaste de colorir? Responda escrevendo, desenhando, colando imagens, fotos... Use a tua criatividade!

Quer dormindo, quer acordados, somos do Senhor

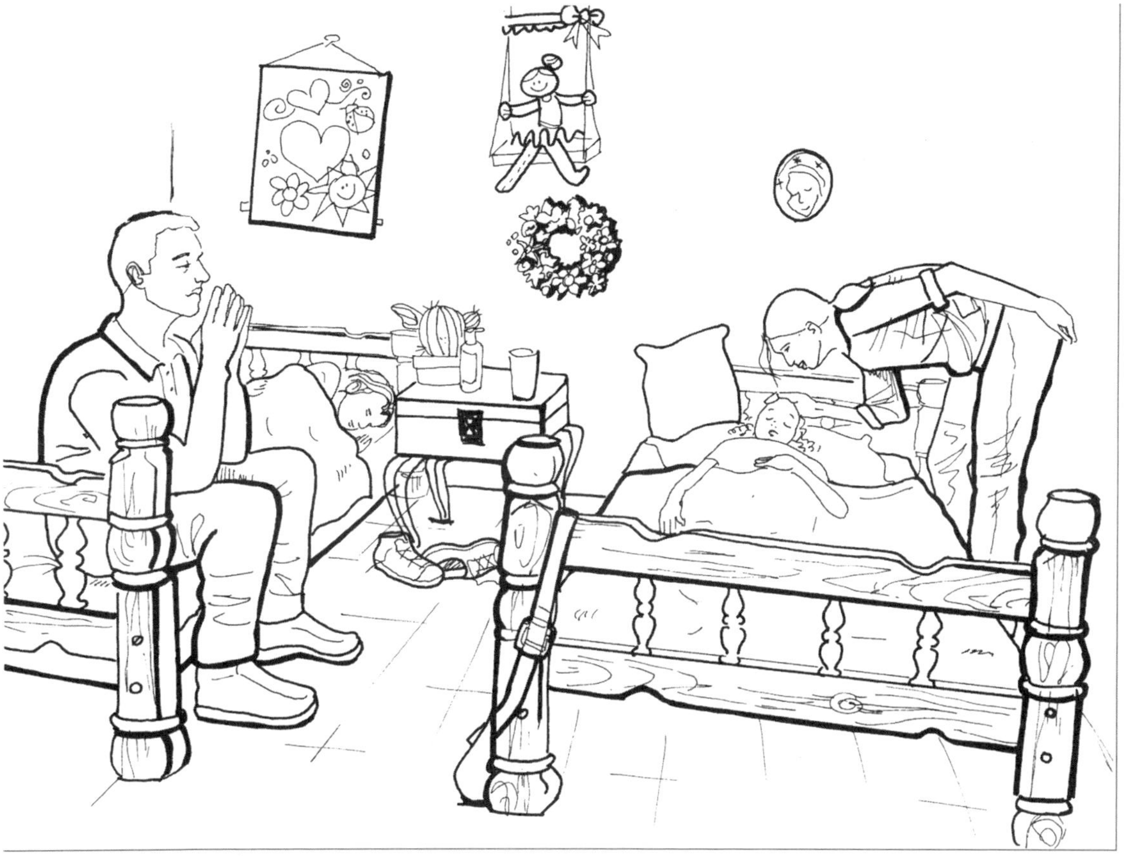

Este desenho corresponde à página 193 do Livro-texto.

Em que te ajudou este desenho que acabaste de colorir? Responda escrevendo, desenhando, colando imagens, fotos... Use a tua criatividade!

A inveja

Este desenho corresponde à página 195 do Livro-texto.

Em que te ajudou este desenho que acabaste de colorir? Responda escrevendo, desenhando, colando imagens, fotos... Use a tua criatividade!

As marcas do amor

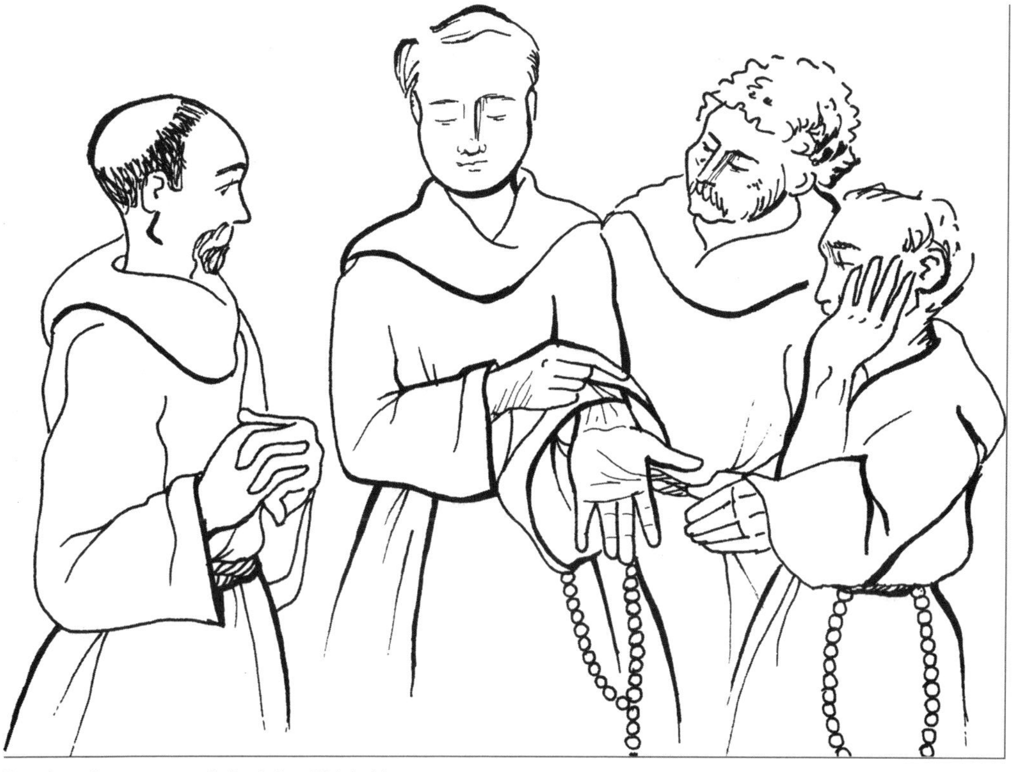

Este desenho corresponde à página 196 do Livro-texto.

Em que te ajudou este desenho que acabaste de colorir? Responda escrevendo, desenhando, colando imagens, fotos... Use a tua criatividade!

Passa para a tenda seguinte

Este desenho corresponde à página 197 do Livro-texto.

Em que te ajudou este desenho que acabaste de colorir? Responda escrevendo, desenhando, colando imagens, fotos... Use a tua criatividade!

Viver o hoje

Este desenho corresponde à página 198 do Livro-texto.

Em que te ajudou este desenho que acabaste de colorir? Responda escrevendo, desenhando, colando imagens, fotos... Use a tua criatividade!

A máscara

Este desenho corresponde à página 200 do Livro-texto.

Em que te ajudou este desenho que acabaste de colorir? Responda escrevendo, desenhando, colando imagens, fotos... Use a tua criatividade!

A fecundidade

Este desenho corresponde à página 200 do Livro-texto.

Em que te ajudou este desenho que acabaste de colorir? Responda escrevendo, desenhando, colando imagens, fotos... Use a tua criatividade!

O pastor

Este desenho corresponde à página 201 do Livro-texto.

Em que te ajudou este desenho que acabaste de colorir? Responda escrevendo, desenhando, colando imagens, fotos... Use a tua criatividade!

As duas alianças

Este desenho corresponde à página 202 do Livro-texto.

Em que te ajudou este desenho que acabaste de colorir? Responda escrevendo, desenhando, colando imagens, fotos... Use a tua criatividade!

As tentações

Este desenho corresponde à página 203 do Livro-texto.

Em que te ajudou este desenho que acabaste de colorir? Responda escrevendo, desenhando, colando imagens, fotos... Use a tua criatividade!

Aprender das lutas contra o inimigo

Este desenho corresponde à página 205 do Livro-texto.

Em que te ajudou este desenho que acabaste de colorir? Responda escrevendo, desenhando, colando imagens, fotos... Use a tua criatividade!

O encontro das árvores

Este desenho corresponde à página 205 do Livro-texto.

Em que te ajudou este desenho que acabaste de colorir? Responda escrevendo, desenhando, colando imagens, fotos... Use a tua criatividade!

O justiceiro

Este desenho corresponde à página 207 do Livro-texto.

Em que te ajudou este desenho que acabaste de colorir? Responda escrevendo, desenhando, colando imagens, fotos... Use a tua criatividade!

A Arca de Noé

(*Para crianças pequenas*)

Este desenho corresponde à página 209 do Livro-texto.

Em que te ajudou este desenho que acabaste de colorir? Responda escrevendo, desenhando, colando imagens, fotos... Use a tua criatividade!

Aos jovens

(*Um sonho que pode iluminar-nos*)

Este desenho corresponde à página 211 do Livro-texto.

Em que te ajudou este desenho que acabaste de colorir? Responda escrevendo, desenhando, colando imagens, fotos... Use a tua criatividade!

Ide e anunciai!

(*Relato de uma experiência da missão*)

Este desenho corresponde à página 212 do Livro-texto.

Em que te ajudou este desenho que acabaste de colorir? Responda escrevendo, desenhando, colando imagens, fotos... Use a tua criatividade!

A graça de Deus

Este desenho corresponde à página 216 do Livro-texto.

Em que te ajudou este desenho que acabaste de colorir? Responda escrevendo, desenhando, colando imagens, fotos... Use a tua criatividade!

Algo a perder

(*Relato de um acontecimento*)

Este desenho corresponde à página 217 do Livro-texto.

Em que te ajudou este desenho que acabaste de colorir? Responda escrevendo, desenhando, colando imagens, fotos... Use a tua criatividade!

Exorcismo

(*Relato de um acontecimento*)

Este desenho corresponde à página 218 do Livro-texto.

Em que te ajudou este desenho que acabaste de colorir? Responda escrevendo, desenhando, colando imagens, fotos... Use a tua criatividade!

A corda

Este desenho corresponde à página 219 do Livro-texto.

Em que te ajudou este desenho que acabaste de colorir? Responda escrevendo, desenhando, colando imagens, fotos... Use a tua criatividade!

A escolha

Este desenho corresponde à página 220 do Livro-texto.

Em que te ajudou este desenho que acabaste de colorir? Responda escrevendo, desenhando, colando imagens, fotos... Use a tua criatividade!

Não tenhas medo

(*Relato de um acontecimento*)

Este desenho corresponde à página 222 do Livro-texto.

Em que te ajudou este desenho que acabaste de colorir? Responda escrevendo, desenhando, colando imagens, fotos... Use a tua criatividade!

Os afastados

Este desenho corresponde à página 222 do Livro-texto.

Em que te ajudou este desenho que acabaste de colorir? Responda escrevendo, desenhando, colando imagens, fotos... Use a tua criatividade!

A decisão

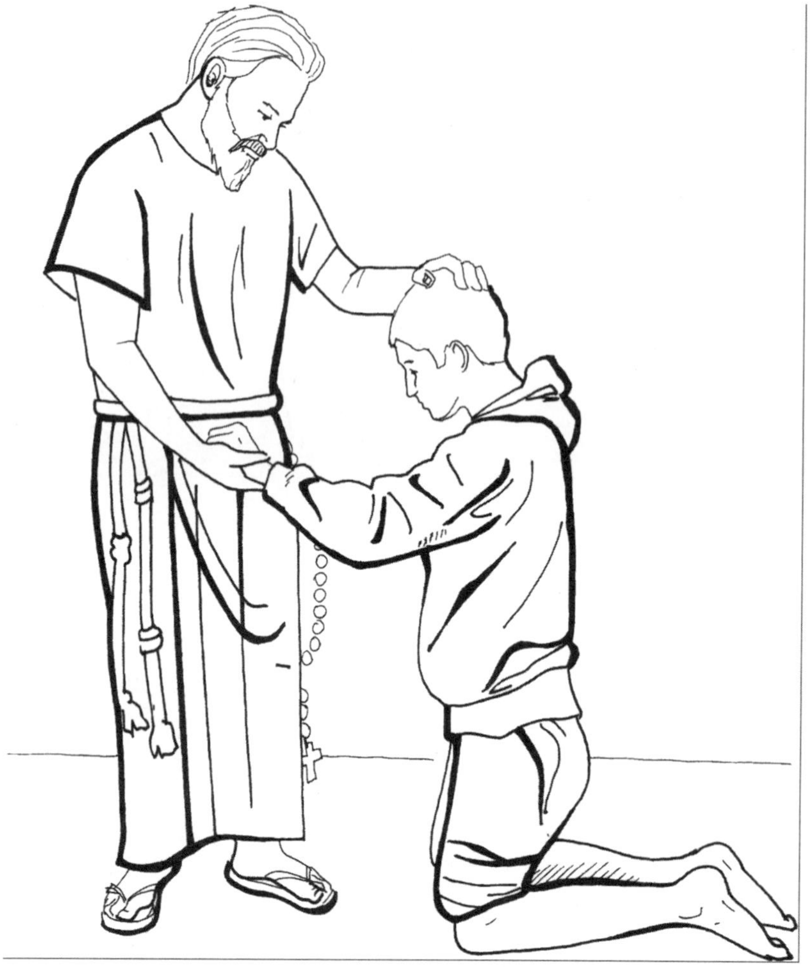

Este desenho corresponde à página 224 do Livro-texto.

Em que te ajudou este desenho que acabaste de colorir? Responda escrevendo, desenhando, colando imagens, fotos... Use a tua criatividade!

A luz de Deus

Este desenho corresponde à página 226 do Livro-texto.

Em que te ajudou este desenho que acabaste de colorir? Responda escrevendo, desenhando, colando imagens, fotos... Use a tua criatividade!

Pai, perdoa-lhes

Este desenho corresponde à página 228 do Livro-texto.

Em que te ajudou este desenho que acabaste de colorir? Responda escrevendo, desenhando, colando imagens, fotos... Use a tua criatividade!

A verdadeira libertação

Este desenho corresponde à página 230 do Livro-texto.

Em que te ajudou este desenho que acabaste de colorir? Responda escrevendo, desenhando, colando imagens, fotos... Use a tua criatividade!

É agora!

Este desenho corresponde à página 231 do Livro-texto.

Em que te ajudou este desenho que acabaste de colorir? Responda escrevendo, desenhando, colando imagens, fotos... Use a tua criatividade!

O jumento

Este desenho corresponde à página 232 do Livro-texto.

Em que te ajudou este desenho que acabaste de colorir? Responda escrevendo, desenhando, colando imagens, fotos... Use a tua criatividade!

O vale e a montanha

Este desenho corresponde à página 233 do Livro-texto.

Em que te ajudou este desenho que acabaste de colorir? Responda escrevendo, desenhando, colando imagens, fotos... Use a tua criatividade!

O soldado e o monge

Este desenho corresponde à página 234 do Livro-texto.

Em que te ajudou este desenho que acabaste de colorir? Responda escrevendo, desenhando, colando imagens, fotos... Use a tua criatividade!

O claustro

Este desenho corresponde à página 237 do Livro-texto.

Em que te ajudou este desenho que acabaste de colorir? Responda escrevendo, desenhando, colando imagens, fotos... Use a tua criatividade!

O enigma

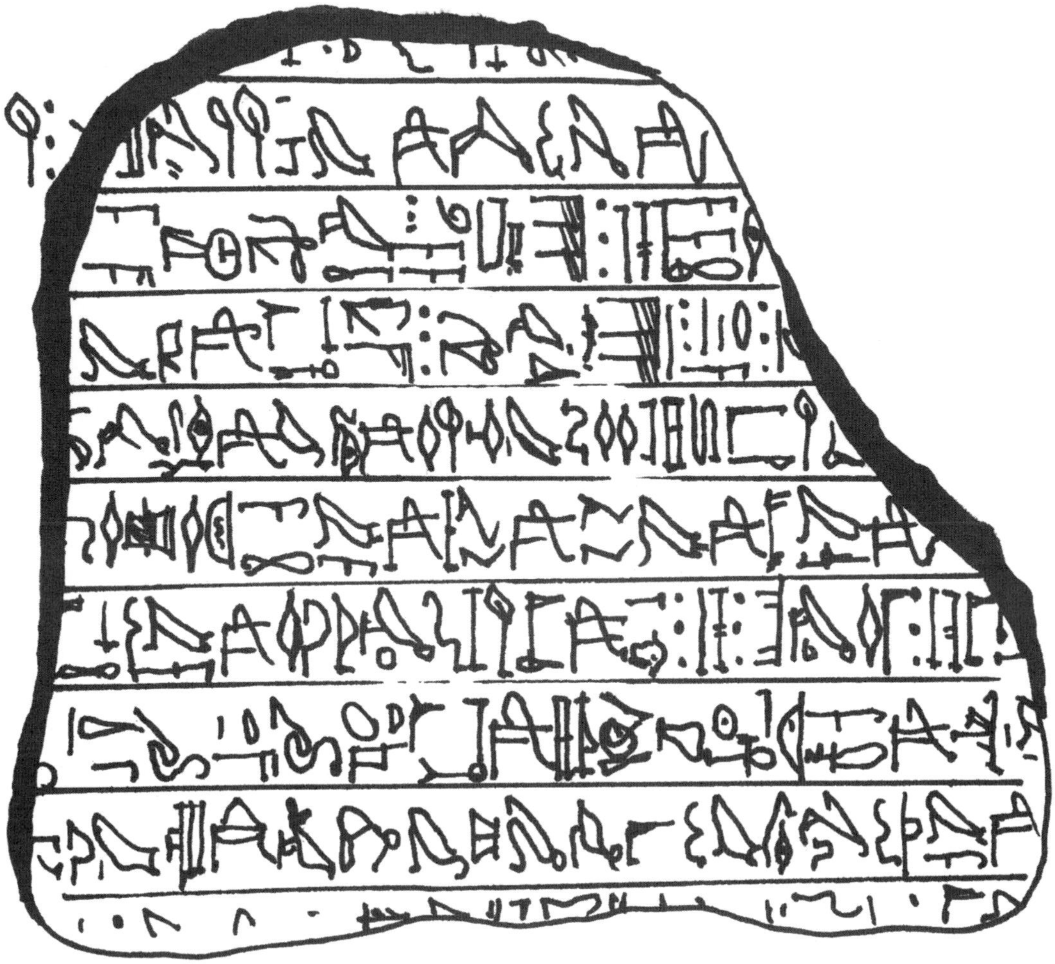

Este desenho corresponde à página 238 do Livro-texto.

Em que te ajudou este desenho que acabaste de colorir? Responda escrevendo, desenhando, colando imagens, fotos... Use a tua criatividade!

O passarinho

Este desenho corresponde à página 239 do Livro-texto.

Em que te ajudou este desenho que acabaste de colorir? Responda escrevendo, desenhando, colando imagens, fotos... Use a tua criatividade!

Agora vejo!

Este desenho corresponde à página 240 do Livro-texto.

Em que te ajudou este desenho que acabaste de colorir? Responda escrevendo, desenhando, colando imagens, fotos... Use a tua criatividade!

Retorno à comunidade

Este desenho corresponde à página 242 do Livro-texto.

Em que te ajudou este desenho que acabaste de colorir? Responda escrevendo, desenhando, colando imagens, fotos... Use a tua criatividade!

A ecologia

Este desenho corresponde à página 242 do Livro-texto.

Em que te ajudou este desenho que acabaste de colorir? Responda escrevendo, desenhando, colando imagens, fotos... Use a tua criatividade!

A velhice

Este desenho corresponde à página 244 do Livro-texto.

Em que te ajudou este desenho que acabaste de colorir? Responda escrevendo, desenhando, colando imagens, fotos... Use a tua criatividade!

A missão

Este desenho corresponde à página 245 do Livro-texto.

Em que te ajudou este desenho que acabaste de colorir? Responda escrevendo, desenhando, colando imagens, fotos... Use a tua criatividade!

Não te amo!

Este desenho corresponde à página 245 do Livro-texto.

Em que te ajudou este desenho que acabaste de colorir? Responda escrevendo, desenhando, colando imagens, fotos... Use a tua criatividade!

O trono

Este desenho corresponde à página 247 do Livro-texto.

Em que te ajudou este desenho que acabaste de colorir? Responda escrevendo, desenhando, colando imagens, fotos... Use a tua criatividade!

As bodas

Este desenho corresponde à página 248 do Livro-texto.

Em que te ajudou este desenho que acabaste de colorir? Responda escrevendo, desenhando, colando imagens, fotos... Use a tua criatividade!

O avô

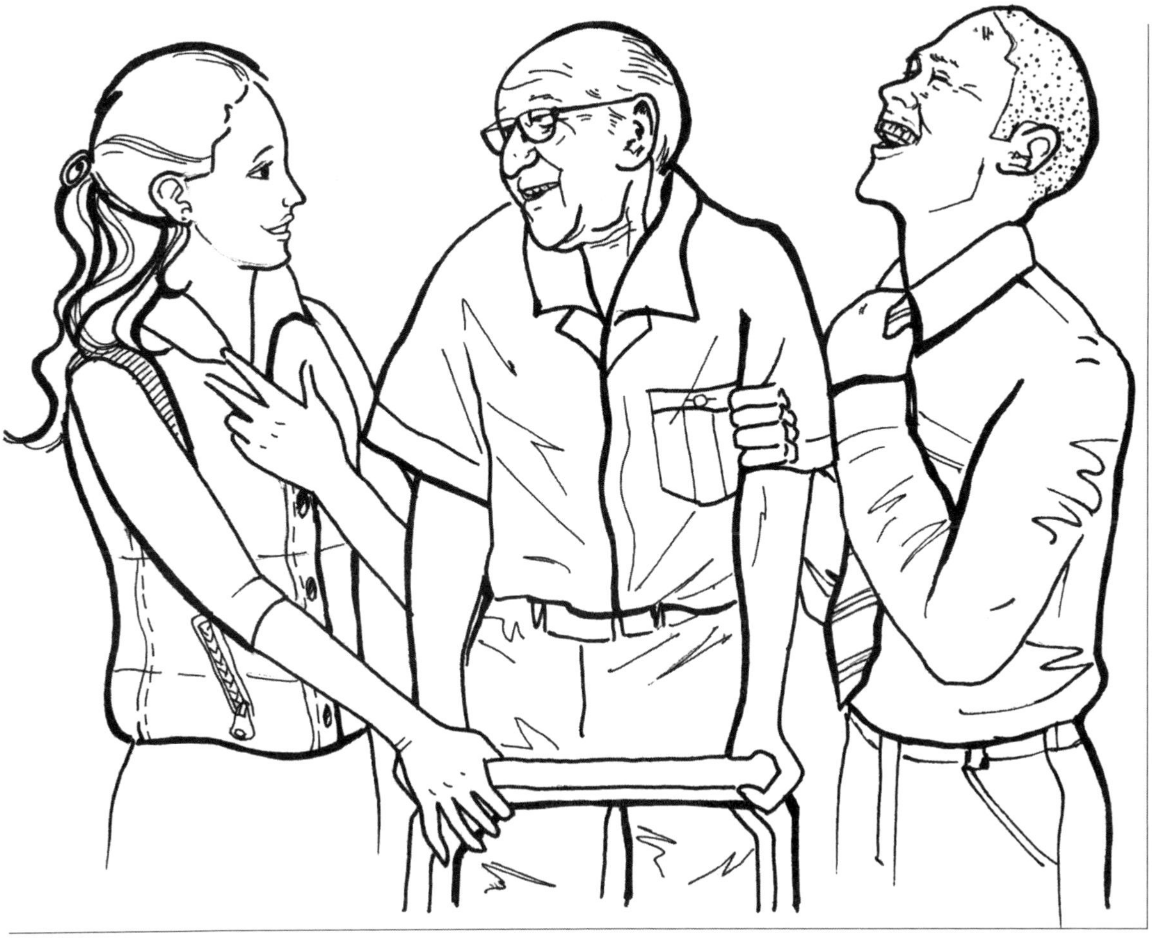

Este desenho corresponde à página 249 do Livro-texto.

Em que te ajudou este desenho que acabaste de colorir? Responda escrevendo, desenhando, colando imagens, fotos... Use a tua criatividade!

Perdão

Este desenho corresponde à página 251 do Livro-texto.

Em que te ajudou este desenho que acabaste de colorir? Responda escrevendo, desenhando, colando imagens, fotos... Use a tua criatividade!

A bênção

Este desenho corresponde à página 252 do Livro-texto.

Em que te ajudou este desenho que acabaste de colorir? Responda escrevendo, desenhando, colando imagens, fotos... Use a tua criatividade!

Brisa suave

Este desenho corresponde à página 253 do Livro-texto.

Em que te ajudou este desenho que acabaste de colorir? Responda escrevendo, desenhando, colando imagens, fotos... Use a tua criatividade!

A solidão

Este desenho corresponde à página 253 do Livro-texto.

Em que te ajudou este desenho que acabaste de colorir? Responda escrevendo, desenhando, colando imagens, fotos... Use a tua criatividade!

Saída do Egito

Este desenho corresponde à página 254 do Livro-texto.

Em que te ajudou este desenho que acabaste de colorir? Responda escrevendo, desenhando, colando imagens, fotos... Use a tua criatividade!

Cuidado com quem dialogas

Este desenho corresponde à página 255 do Livro-texto.

Em que te ajudou este desenho que acabaste de colorir? Responda escrevendo, desenhando, colando imagens, fotos... Use a tua criatividade!

Não julgueis

Este desenho corresponde à página 255 do Livro-texto.

Em que te ajudou este desenho que acabaste de colorir? Responda escrevendo, desenhando, colando imagens, fotos... Use a tua criatividade!

As ondas

Este desenho corresponde à página 256 do Livro-texto.

Em que te ajudou este desenho que acabaste de colorir? Responda escrevendo, desenhando, colando imagens, fotos... Use a tua criatividade!

O artesão

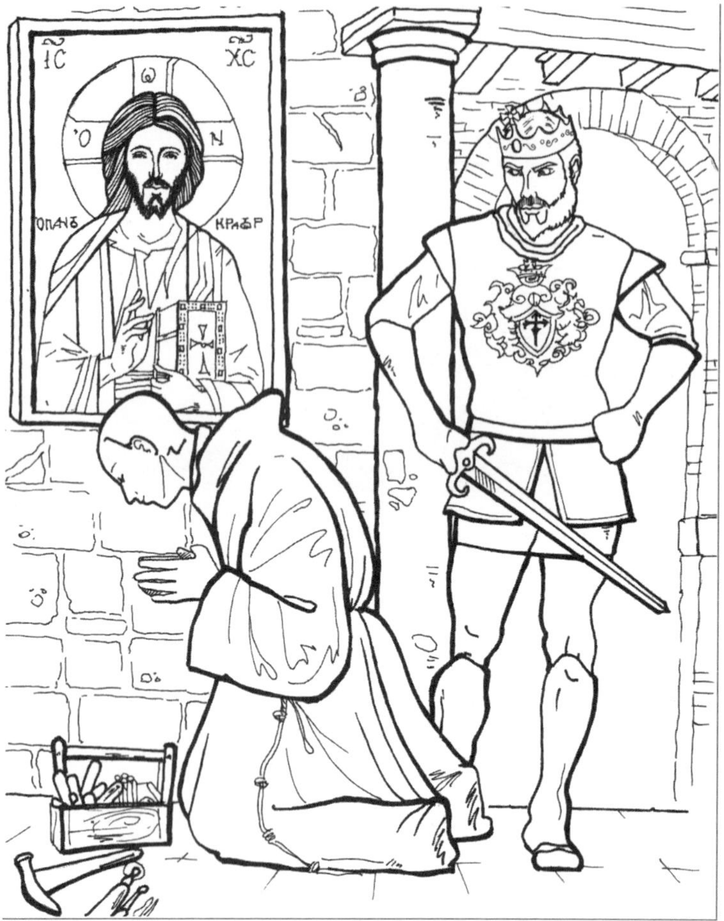

Este desenho corresponde à página 256 do Livro-texto.

Em que te ajudou este desenho que acabaste de colorir? Responda escrevendo, desenhando, colando imagens, fotos... Use a tua criatividade!

O maná

Este desenho corresponde à página 258 do Livro-texto.

Em que te ajudou este desenho que acabaste de colorir? Responda escrevendo, desenhando, colando imagens, fotos... Use a tua criatividade!

As tábuas da lei

Este desenho corresponde à página 259 do Livro-texto.

Em que te ajudou este desenho que acabaste de colorir? Responda escrevendo, desenhando, colando imagens, fotos... Use a tua criatividade!

Medo da morte

Este desenho corresponde à página 259 do Livro-texto.

Em que te ajudou este desenho que acabaste de colorir? Responda escrevendo, desenhando, colando imagens, fotos... Use a tua criatividade!

A descida

Este desenho corresponde à página 260 do Livro-texto.

Em que te ajudou este desenho que acabaste de colorir? Responda escrevendo, desenhando, colando imagens, fotos... Use a tua criatividade!

Nos ombros do Bom Pastor

Este desenho corresponde à página 273 do Livro-texto.

Em que te ajudou este desenho que acabaste de colorir? Responda escrevendo, desenhando, colando imagens, fotos... Use a tua criatividade!

A herança

Este desenho corresponde à página 274 do Livro-texto.

Em que te ajudou este desenho que acabaste de colorir? Responda escrevendo, desenhando, colando imagens, fotos... Use a tua criatividade!

A criação

Este desenho corresponde à página 275 do Livro-texto.

Em que te ajudou este desenho que acabaste de colorir? Responda escrevendo, desenhando, colando imagens, fotos... Use a tua criatividade!

Os combates da juventude

Este desenho corresponde à página 276 do Livro-texto.

Em que te ajudou este desenho que acabaste de colorir? Responda escrevendo, desenhando, colando imagens, fotos... Use a tua criatividade!

A hospitalidade

Este desenho corresponde à página 277 do Livro-texto.

Em que te ajudou este desenho que acabaste de colorir? Responda escrevendo, desenhando, colando imagens, fotos... Use a tua criatividade!

Capítulo V

Peças de teatro

As crianças em ação

Este desenho corresponde à página 279 do Livro-texto.

Em que te ajudou este desenho que acabaste de colorir? Responda escrevendo, desenhando, colando imagens, fotos... Use a tua criatividade!

Conclusão

Cristo te ama!

Pode uma mãe se esquecer de sua criancinha de peito
e deixar de amar o filho que ela deu à luz?
Pois, ainda que uma se esquecesse,
eu jamais me esquecerei de ti!

(Cf. Is 49,15)

Catequese...

Sobre o que estamos falando?

Débora Regina Pupo

Com uma linguagem próxima de quem lê, a autora dialoga com o leitor propondo uma reflexão séria, de maneira criativa e envolvente, sobre a definição de catequese. Ao aprofundar conceitos e ideias centrais em documentos catequéticos, possibilita compreender o sentido desta importante ação evangelizadora da Igreja no contexto atual. Quando a catequese é apresentada em relação à compreensão de Iniciação à Vida Cristã, é possível compreender sua finalidade de promover a maturidade da fé.

Para favorecer a assimilação e apropriação em torno das reflexões apresentadas na obra, são propostos três roteiros de estudo para a formação de catequistas e dois roteiros para a formação dos familiares. A base de conteúdo para estes roteiros formativos são os temas do próprio livro, que se torna, além de subsídio de estudo pessoal, instrumento de formação de grupos de catequistas e familiares, oferecendo o entendimento da catequese e sua função na vida das pessoas.

Débora Regina Pupo *é Coordenadora Regional da Dimensão Bíblico-Catequética do Regional Sul 2 da CNBB. Atua também na formação de lideranças nas diversas áreas da Teologia, tendo como campo mais específico a formação de catequistas. Foi assessora na formação para o clero e seminaristas dentro da área de Iniciação à Vida Cristã.*